Muitas coisas, poucas palavras

A EDITORA PEIRÓPOLIS TEM O PRAZER DE APRESENTAR
A NOVA EDIÇÃO DA PEÇA RADIOFÔNICA DE
FRANCISCO MARQUES VÍRGULA CHICO DOS BONECOS...

MUITAS COISAS, POUCAS PALAVRAS

A oficina do professor Comênio e a arte de ensinar e aprender

DIREÇÃO MUSICAL
Estêvão Marques

ILUSTRAÇÃO
Alice Masago

Editora
Peirópolis

ROTEIRO

- **7** Comênio: o artesão e o artista [Wojciech Andrzej Kulesza]
- **13** Didática da Vida
- **23** Muitas coisas, poucas palavras
- **24** Cena 1: Abraços
- **28** Cena 2: Os mensageiros
- **34** Cena 3: O jardim
- **40** Cena 4: O ponto de partida
- **44** Cena 5: A voz e os gestos
- **48** Cena 6: Ensinar a fazer fazendo
- **52** Cena 7: Ensinar a perguntar
- **56** Cena 8: Ensinar a ensinar
- **60** Cena 9: O rio
- **68** Cena 10: A bandeira

- **76** A fonte
- **99** Bibliografia
- **105** A peça radiofônica
- **112** Os autores

COMÊNIO: O ARTESÃO E O ARTISTA

A arte de ensinar, tema da *Didática Magna* de Comênio (ou Comenius), refere-se tanto às atividades próprias do artista quanto às do artesão. Na interpretação corrente desde o século XIX de sua obra, destaca-se muito mais seu enfoque do professor como artesão, do que do professor como artista, dicotomizando-se a didática, que o pensador morávio concebia una, nessas duas facetas. *Muitas coisas, poucas palavras* é um livro que procura apresentar integralmente o conteúdo da *Didática*, sem separação. Projetado para, ao mesmo tempo, ser lido e ouvido, a obra de Francisco Marques recupera o sentido original da arte de ensinar do "mestre das nações".

Arquitetado como peça radiofônica, o livro combina admiravelmente o convincente discurso de Comênio sobre ensinar e aprender com a magia de canções que evocam nossa infância, ambientando o leitor na genealogia da aprendizagem, em seu espaço e tempo próprios, articulando memória e imaginação. Podemos dizer que o autor nos introduz diretamente na *schola ludus*, sua última concepção metodológica: a aula como peça teatral. Professor de latim, língua na qual, no século XVII, se comunicavam os conhecimentos acerca do mundo e que encerrava dentro de si a cultura do seu tempo, ele, inicialmente, havia sistematizado seu ensino na famosa *Janua linguarum reserata*.

Defensor do ensino da língua materna antes do ensino do latim, exatamente devido à relação direta existente entre as palavras e as coisas, naturalmente percebida pelas crianças, Comênio compôs nesse manual pequenas frases comuns do cotidiano, grafando-as em latim e vernáculos, possibilitando sua utilização por estudantes alfabetizados em vários idiomas. A *Janua*, traduzida para inúmeras línguas, deu ao seu autor renome internacional, o que fez com que ele fosse chamado para reformar escolas em vários países.

Convidado para organizar uma escola latina na longínqua Transilvânia, Comênio percebeu as limitações da *Janua* e, colocando em prática suas prescrições expostas na *Didática Magna*, transformou-a num manual ilustrado no qual, por meio de gravuras representando as coisas, os estudantes podiam compreender claramente o vínculo entre as coisas e as palavras. O lado artesão de sua arte de ensinar se valia desse modo de seu lado artístico para compor uma nova metodologia para o ensino de línguas. Nascia, assim, seu *Orbis pictus* – o "Mundo em imagens" –, uma verdadeira enciclopédia das coisas (e das palavras) existentes em seu tempo. Considerado o primeiro livro didático ilustrado, o Orbis seria intensamente utilizado pelos estudantes de latim em todo o mundo até o século XIX.

Partidário da educação dos sentidos (de todos os cinco), Comênio, que também era pastor da Igreja dos Irmãos Morávios, já havia escrito peças teatrais para serem encenadas por seus alunos. Nesses textos, ele explorava a particularidade literária própria do teatro, que é o diálogo, forma preferencial de comunicação e expressão recomendada por Comênio na relação entre professor e aluno. Secularizando as tradicionais dramatizações religiosas, que tinham como modelo a Santa Missa, ele imprimiu um caráter pedagógico às suas representações, as quais, além de objetivos essencialmente morais, contemplavam de maneira secundária conteúdos normalmente tratados no currículo escolar. Após a ilustração da *Janua*, Comênio prepara sua teatralização, compondo o livro que seria publicado como *Schola ludus*, no qual as aulas de latim são estruturadas como um jogo, como brincadeiras, satisfazendo sua aspiração de que o estudo seja algo agradável, prazeroso.

Não é outro o interesse de Francisco Marques neste seu livro direcionado para pais e mães, professores e professoras. Exímio contador de histórias, conhecido como Chico dos Bonecos e autodenominado "desenrolador de brincadeiras", ele conjuga nesta obra radiofônica sua vasta experiência com fantoches e brinquedos na educação infantil, com a sistematização pedagógica presente na *Didática Magna* de Comênio. Esta segunda edição, revista e ampliada, incorpora as reflexões feitas durante sua utilização em oficinas para docentes e apresentações para crianças.

WOJCIECH ANDRZEJ KULESZA
João Pessoa, dezembro de 2022.

Didática da Vida

O reencontro e a reescrita

Em 2005, li pela primeira vez a *Didática Magna*, de João Amós Comênio, lançada em 1657. Nesse livro, dedicado aos pais e aos professores, o autor fundamenta e sistematiza a sua intensa experiência em sala de aula. Para mim, essa leitura foi um susto e um encantamento – e mergulhei no estudo da obra e do autor.

Para comunicar essa descoberta, lancei, em 2009, pela Editora Peirópolis, a peça radiofônica *Muitas coisas, poucas palavras*, em que o próprio Comênio fala diretamente para os pais e os professores de hoje.

Exatamente no dia 15 de outubro de 2019, Dia do Professor, recebi um convite da Renata Borges, da Peirópolis, para lançar novamente o livro. Como eu estava arquitetando outros projetos, achei melhor não relançar naquele momento. Mas, motivado pelo convite da Renata, reli a *Didática Magna* – e o susto e o encantamento foram ainda maiores. Animado por esse reencontro, tornei a estudar Comênio e reescrevi a peça radiofônica.

Uma parte desta edição acompanha o texto de 2009, mas vários trechos foram deslocados e reagrupados, dando novo sentido às mensagens e fazendo a peça fluir com mais agilidade. Outra parte é inédita, incorporando muitas reflexões que eu não soube compreender naquela época. Além disso, introduzi ideias de outro livro de Comênio: *A escola da infância*.

Muitas outras fontes contribuíram para esta nova versão: as oficinas com os professores, as apresentações para as crianças, as leituras... Entretanto, cinco obras influenciaram de maneira especial: Martín, Raul, Bernardo, Maria e Teresa — meus netos.

E por falar em netos... Esta obra tem um cheiro familiar em várias etapas de sua construção. A direção musical desta peça radiofônica é de Estêvão Marques, músico, professor e inventor de mirabolâncias — e meu filho.

A peça radiofônica *Muitas coisas, poucas palavras* é dedicada a todas as pessoas com vontade de aprender e ensinar. De maneira especial, é dirigida aos professores da Educação Infantil, que atende às crianças de zero a 5 anos, e aos professores do primeiro ao quinto ano do Ensino Fundamental, que atende aos alunos de 6 a 10 anos.

Mas a peça também traz contribuições para os anos seguintes, pois o projeto do professor Comênio é abrir uma estrada que ensine tudo a todos ao longo da vida, num processo de educação permanente.

Muitas coisas, poucas palavras é um livro para estar sempre por perto, ao alcance das mãos, porque todos nós precisamos de uma filosofia de bolso, que nos relembre as permanentes novidades das verdades de sempre e que possa ser levada para todos os lugares — assim como carregamos a chave de casa.

E é justamente isto que Comênio nos oferece nesta peça: uma pedagogia de bolso, de uma simplicidade luminosa, de uma profundidade sedutora, de uma praticidade emocionante — e não existe aventura mais emocionante do que empunhar uma chave e abrir a porta da própria casa.

AS TRÊS SEMENTES

Para Comênio, a escola é uma Oficina de Pessoas, onde o professor ensina o aluno a cultivar três sementes:

A semente da Inteligência, que ajuda o aluno a conhecer o mundo: os povos, as línguas, as artes, as ciências, as tecnologias...

A semente da Virtude, que ajuda o aluno a conhecer e vencer a si mesmo. Para isso, o professor, por meio do seu exemplo, desenvolve na criança múltiplas atitudes, que se alimentam mutuamente e potencializam a Inteligência: autoconfiança, gratidão, discernimento, coerência, respeito, humildade, generosidade, paciência, coragem, solidariedade... E tudo isso deságua na vontade de fazer o bem — que é a fonte da verdadeira felicidade.

A semente da Espiritualidade, que ajuda o aluno a contemplar o Livro da Natureza, investigar a Obra da Criação, inquietar-se diante da Vida e seus mistérios, descobrir uma conexão com o Autor de todas as coisas visíveis e invisíveis... E tudo isso deságua na busca por um aperfeiçoamento interior – que potencializa a vontade de fazer o bem.

É por isso que, de todas as cenas bíblicas, esta é a que mais encanta o professor Comênio:

"As pessoas traziam também crianças para que Jesus as tocasse, mas os discípulos as repreendiam. Vendo isso, Jesus indignou-se e disse: 'Deixai as crianças virem a mim e não as impeçais, pois o Reino de Deus pertence aos que a elas se assemelham. Em verdade vos digo: quem não receber o Reino de Deus como uma criança nele não entrará!'. E abraçou as crianças, impôs as mãos sobre elas e as abençoou." (*Bíblia Sagrada*. Evangelho de Marcos 10, 13-16.)

E, dessas palavras do Evangelho, Comênio extrai uma reflexão pedagógica:

"Eis que nós, adultos, que julgamos que só nós somos homens e vós sois macaquinhos, só nós sábios e vós doidinhos, só nós faladores inteligentes e vós ainda não aptos a falar, eis que, enfim, somos obrigados a vir à vossa escola! Vós fostes-nos dados como mestres, e as vossas

obras são dadas às nossas como espelho e exemplo!"
(*Didática Magna*. A todos aqueles..., parágrafo 16)

Por uma questão de fidelidade ao querido professor Comênio, eu deixo registrada aqui a existência dessas três sementes preciosas, que estão espalhadas ao longo de todos os capítulos da *Didática Magna – ou Didática da Vida*, como o autor gostava de se referir ao seu livro.

Nesta peça, entretanto, eu vou falar apenas sobre a semente da Inteligência. Deixei as sementes da Virtude e da Espiritualidade para as entrelinhas – e como falam essas entrelinhas!

Francisco Marques Vírgula Chico dos Bonecos

Para Zeli e Therezinha,
meus pais.

Escola de carinhos,
caminhos.

Muitas coisas, poucas palavras

A oficina do professor Comênio e a arte de ensinar e aprender

Cena 1
ABRAÇOS

Vocês não imaginam a minha alegria quando recebi o convite para este encontro. É uma dessas alegrias que a gente leva para toda a eternidade. Agradeço muito, muitíssimo.

Meu nome é João Amós Comênio. Nasci no coração da Europa, na região da Morávia, no dia 28 de março de 1592.

Já posso imaginar o que vocês estão imaginando:

— Comênio, seja muito bem-vindo ao nosso encontro. Mas... Não é um pouco estranho trazer alguém de uma época tão distante para falar sobre a nossa escola de hoje?

Os mais de quatrocentos anos que nos separam são quase nada diante dos abraços que nos aproximam e nos emocionam. Primeiro abraço: assim como vocês, sou professor e dediquei a minha vida à arte de todas as artes: a arte de ensinar. Segundo abraço: ajudei a criar esta instituição em que vocês trabalham aqui e agora: a escola pública, a escola para todos.

Durante muitos anos, fiquei anotando várias ideias que brotavam do meu trabalho em sala de aula. Escrevi e reescrevi essas ideias durante muitos e muitos anos. Em 1657, finalmente, felizmente, tomei coragem para publicar o meu livro *Didática Magna* – que também poderia se chamar *Didática da Vida*. E é justamente desse livro que eu escolhi para vocês, pais e professores, algumas palavras simples e breves.

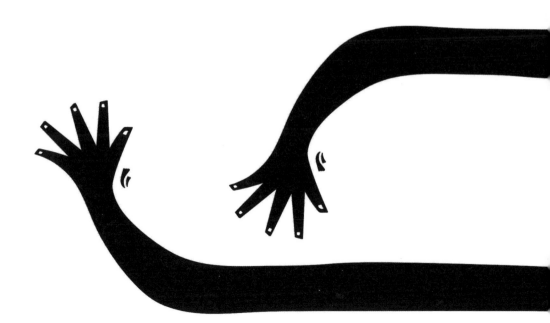

Bate o sino,
Bate o sino,
Dim dem dom,
Dim dem dom.

Bate o sino sem parar,
Bate o sino sem parar,
Dim dem dom,
Dim dem dom.

(Canção de domínio público)

Cena 2
OS MENSAGEIROS

*Para começo de conversa,
para a conversa começar,
respirando profundamente,
profundamente respirar.*

Quando nascemos, trazemos no corpo a semente do movimento: pegar, puxar, engatinhar, andar...

O nosso corpo nasce com a vontade de se movimentar. E o que nós fazemos, pais e professores? Ensinamos o corpo a se movimentar.

Quando nascemos, trazemos na inteligência a semente do conhecimento: falar, cantar, ler, escrever...

A nossa inteligência nasce com a vontade de aprender. E o que nós fazemos, pais e professores? Ensinamos a inteligência a aprender.

A minha vida de professor, cada dia, cada minuto, foi motivada por este desafio:

Ora, ora! Em se tratando do corpo e dos movimentos, a criança aprende tantas coisas, e tão rapidamente, com tanta imaginação e energia! Ora, ora, carambola! Em se tratando da inteligência e dos conhecimentos, a criança não poderia aprender assim também: tantas coisas, e tão rapidamente, com tanta imaginação e energia?

Já posso imaginar o que vocês estão imaginando:

— Comênio, eu compreendo o seu desafio. Mas... Do jeito que o senhor fala, professor Comênio, parece tudo muito fácil.

Isso não é fácil. Isso é, simplesmente, a nossa arte de ensinar.

A inteligência da criança quando entra no mundo é como a semente da árvore quando entra na terra. A semente ainda não é a árvore, mas a árvore já está na semente. Com a luz, o calor e a umidade, a semente, agasalhada na terra, se desdobra em raízes e brotos. Os brotos se espreguiçam em ramos e folhas — e despertam flores e frutos.

E tem mais!

A inteligência da criança quando entra no mundo vem acompanhada de cinco mensageiros: ver, ouvir, cheirar, saborear, tocar. Movidos pela vontade de aprender, os cinco mensageiros se lançam pelo mundo afora.

E qual é o trabalho dos cinco mensageiros? Recolher os novos conhecimentos e entregar rapidamente para os moradores de uma cidade chamada Memória.

E qual é o trabalho da memória? Selecionar, classificar e relacionar um conhecimento com outro conhecimento.

É por isso que, na nossa escola, o aluno aprende a descobrir a própria fonte da inteligência.

A árvore se alimenta da seiva – a seiva que ela mesma produz. Por isso, a árvore se desenvolve, ao mesmo tempo e vigorosamente, para todos os lados: a raiz que se aprofunda na terra, o tronco que avança para o céu, os galhos que se enfeitam de folhas, flores e frutos.

Assim, bebendo da própria fonte, o aluno aprende a abrir a inteligência para a compreensão do mundo, aprende a ver com os próprios olhos, aprende a sentir com o próprio coração.

Este é o rio do conhecimento: nasce nos cinco mensageiros, corre pela imaginação e deságua no mar da memória.

O meu coração
voou pelo céu.
Subiu de vapor
e desceu de papel.
Trouxe uma lembrança
na aba do chapéu:
uma rosa e um cravo
e um favo de mel.

(Compositor: Rubinho do Vale)

Cena 3
O JARDIM

Já posso imaginar o que vocês estão imaginando:

— Comênio, tudo isso é muito interessante: os cinco mensageiros, o mar da memória, a fonte da inteligência... Mas... Professor Comênio, o senhor bem sabe que existem inteligências e inteligências.

Toda pessoa é um organismo de sabedoria. Toda pessoa é um resumo do universo. Por isso, a nossa escola, a nossa Oficina de Pessoas, deve ser como o sol, que ilumina e aquece a terra para que as sementes, todas as sementes, possam viver, verdejar, florescer, frutificar.

O que nós queremos para o nosso pomar? Queremos árvores que produzam frutos na primavera, outras árvores que produzam frutos no verão, outras no outono e outras no inverno.

Fruto bom é o fruto no seu tempo. Portanto, as inteligências vão se desenvolvendo em diferentes ritmos.

E tem mais!

As inteligências vão se desenvolvendo em diferentes formas.

Por exemplo...

Um aluno gosta de ler, outro aluno gosta de música. Um aluno gosta de matemática, outro aluno gosta de teatro. Cada criança é uma criança. Cada criança tem as suas habilidades, o seu engenho.

O professor ensina todas as coisas para todas as crianças. Mas... Uma coisa será de grande interesse para aquele aluno, enquanto outro aluno vai se interessar enormemente por outra coisa. O professor aprende a descobrir o talento de cada aluno, e aprende a alimentar, generosamente, as habilidades de cada criança, o engenho de cada criança. E, a partir daí, o professor ajuda o aluno a descobrir os seus outros talentos.

O que nós queremos para o nosso jardim? Queremos flores e plantas de diferentes cores e texturas, de diferentes formatos e cheiros. E é justamente essa diversidade que faz do nosso jardim um espetáculo.

Já posso imaginar o que vocês estão imaginando:

— Tudo bem, Comênio, tudo bem. Inteligências em diferentes ritmos, em diferentes formas. Mas... E quando o aluno simplesmente não consegue aprender? E aí, jardineiro Comênio?

Nós, pais e professores, precisamos defender a verdade com as armas da própria verdade.

Se a criança nasce com a semente do conhecimento, se os cinco mensageiros e o mar da memória estão por aí, cheios de energia, repletos de imaginação, desbravando o mundo... Como pode ser possível a criança não conseguir aprender?

O problema, claro, claríssimo, não está no aluno. O problema está em mim, no professor. O problema está na minha maneira de ensinar.

Com a sua arte de plantar, o jardineiro prepara a terra para que a semente da árvore se sinta acolhida e agasalhada. E a terra, acolhedora, aconchegante, faz a semente da árvore germinar.

Com a sua arte de ensinar, o professor prepara o aluno para que a semente do conhecimento se sinta acolhida e agasalhada. E o aluno, interessado, entusiasmado, faz a semente do conhecimento germinar.

A nossa arte de ensinar envolve habilidades objetivas, claras, claríssimas.

A nossa arte de ensinar envolve habilidades simples como dar um passo seguido de outro passo.

A nossa arte de ensinar é uma... Uma dança!

E agora, com vocês, os cinco passos da ensinança.

**TUM TUM JACUTINGUELÊ,
JACUTINGA ARAUBÊ,
JACUTINGA TINGA.
UÊ UÊ SARUÊ UBÁ,
JACUTINGA ARAUBÊ,
JACUTINGA TINGA.**

(Canção de domínio público)

Cena 4
O PONTO DE PARTIDA

Primeiro passo da ensinança.

O professor tem como ponto de partida a brincadeira e como ponto de chegada o tema que nós vamos estudar.

A brincadeira é a terra da imaginação, do entusiasmo e da alegria — e a inteligência se desenvolve de mãos dadas com a alegria, o entusiasmo e a imaginação.

Nós, pais e professores, sabemos que as brincadeiras conduzem as crianças para as coisas sérias.

Por exemplo...

A criança carrega os objetos pra lá e pra cá, arruma de um jeito e de outro: empilha, despeja, encaixa, compara, junta, separa. E toda essa investigação, por mais simples que possa parecer, representa o esforço de uma inteligência ativa. E a criança repete esse esforço várias vezes — e cada vez com mais concentração e cada vez com mais entusiasmo.

A criança gosta de ouvir histórias — e a história guardada na lembrança anuncia a história guardada no livro.

A criança gosta de desenhar e colorir — e o traço do desenho anuncia o traço da palavra.

A criança gosta de declamar poesia — e o verso registrado na memória anuncia o verso escrito no caderno.

A criança gosta de cantar e dançar — e o ritmo da canção anuncia o ritmo da leitura.

O POEMA... O POEMA É A FRUTA.
A POESIA... A POESIA, O SABOR.
O POEMA... O POEMA ESTÁ NO LIVRO.
A POESIA... A POESIA, NO LEITOR.

(Melodia: Domínio público
Letra: Francisco Marques)

Cena 5
A VOZ E OS GESTOS

Segundo passo da ensinança.

O professor prepara o ambiente e coloca à disposição da criança diversos materiais.

Depois que o aluno teve tempo e espaço para investigar e experimentar todas essas coisas, aí, sim, o professor introduz o tema que nós vamos estudar; aí, sim, as palavras do professor ganham o poder de explicar as coisas.

E as palavras do professor são, sempre, palavras simples, sólidas, breves, essenciais.

E a voz do professor é, sempre, uma voz clara e calma. Uma voz que enche de vida cada frase, cada palavra, cada sílaba. Uma voz que convive muito bem com... O silêncio.

E os gestos do professor estão sempre em harmonia com as suas palavras. Os gestos do professor seguem o ritmo de sua voz: gestos claros e calmos.

É por isso que, na nossa escola, os ouvidos caminham junto com os olhos, as palavras caminham junto com as mãos e as ideias caminham junto com o corpo inteiro – dos pés à cabeça e da cabeça aos pés.

Foi, foi, foi,
foi só pra você
que eu troquei a letra
da canção de adormecer.

*(Melodia: Domínio público
Letra: Francisco Marques)*

Cena 6
ENSINAR A FAZER FAZENDO

Terceiro passo da ensinança.

O professor ensina a criança a fazer fazendo: a cantar cantando, a dançar dançando, a ler lendo, a escrever escrevendo.

Corpo, inteligência, músculos, conhecimentos. Para a criança, tudo isso está profundamente entrelaçado. Conhecimentos, músculos, inteligência, corpo.

Na nossa escola, a criança aprende várias coisas ao mesmo tempo. Por quê? Simplesmente porque os cinco mensageiros não param de trabalhar, recolhendo os novos conhecimentos e entregando para o mar da memória, que também não para de trabalhar. E quanto mais o aluno aprende várias coisas ao mesmo tempo mais ainda ele se concentra, mais ainda ele se entusiasma.

A criança aprende a imitar. Imitando, aprende a repetir. Repetindo, aprende a investigar. Investigando, aprende a conhecer.

E, para provocar ainda mais esse espírito investigativo, o professor vai relacionando o tema que nós estamos estudando com o cotidiano da criança: o sol, a sombra, o vento, o cata-vento, a alavanca, o pêndulo, o relógio, o espelho, a flauta, o tambor...

Assim, ligando o conhecimento à própria vida, a criança aprende e sente que está aprendendo. Portanto, no processo de aprendizagem, o aluno encontra sempre duas alegrias: a alegria de saber e a alegria de saber que sabe.

Cada coisa é uma coisa,
mas a sombra é diferente.
Cada coisa imita a coisa,
mas a sombra engana a gente.

Sombra sobe na parede,
sombra se arrasta no espinho.
Pode virar gavião
a sombra de um passarinho.

A gente mexe com os dedos,
a gente mexe e deduz:
a planta nasce da terra,
a sombra nasce da luz.

*(Melodia: Domínio público
Letra: Francisco Marques)*

Cena 7
Ensinar a perguntar

Quarto passo da ensinança.

O professor ensina a criança a perguntar.

À medida que vai ensinando, o professor, com delicadeza e doçura, vai abrindo portas e janelas para que a casa do conhecimento receba uma ventania de perguntas.

Quem? Quando? O quê? Como? Onde?

O professor incentiva, provoca e valoriza as perguntas do aluno.

Por exemplo...

Certa vez, um aluno fez a seguinte pergunta:

— Professor Comênio, por que a gente corre com os braços dobrados?

E por causa dessa pergunta, aparentemente tão simples, eu introduzi o estudo de um novo tema – um tema que foi trabalhado em várias aulas, um tema que despertou, ainda mais, o interesse de todos.

Assim, entre perguntas que geram respostas e perguntas que geram novas perguntas, o aluno aprende como as coisas são – e aprende também o porquê de cada coisa.

E tem mais!

Entre perguntas que geram respostas e perguntas que geram novas perguntas, o professor aperfeiçoa a sua arte de ensinar. Por quê? Porque o professor descobre as dúvidas do aluno sobre o tema que nós estamos estudando. E, diante dessas dúvidas, o professor descobre outras maneiras de ensinar. E, para isso, ele traz novas brincadeiras, novos materiais, novas investigações.

Na nossa escola, o tempo dedicado para consolidar um conhecimento é sempre um tempo precioso. Por quê? Porque a partir daí um novo conhecimento pode ser construído com uma base sólida, com raízes profundas.

E tem mais ainda!

Perguntas e respostas conduzem para o diálogo – e o diálogo é o caminho que conduz para todos os lugares.

Meu cavalinho é ligeiro igual ao vento.
Meu cavalinho já me deu muita alegria.
Meu cavalinho é igual ao pensamento:
está sempre em movimento
e se chama Ventania.

(Compositor: Rubinho do Vale)

Cena 8
ENSINAR A ENSINAR

Quinto passo da ensinança.

O professor ensina a criança a ensinar.

A vida não é assim? Quando andamos, levantamos e abaixamos os pés. Quando conversamos, ouvimos e falamos. Quando jogamos bola, recebemos e lançamos.

Portanto, estes dois movimentos são inseparáveis: receber e lançar, aprender e ensinar.

As coisas que lemos e ouvimos podem facilmente fugir da memória.

Mas...

Quando ensino aquele tema que eu estudei, as coisas ficam vivíssimas na memória, incorporadas, claras, claríssimas.

Por quê?

Porque, para ensinar, eu preciso rever aquilo que eu estudei, eu preciso repetir para mim mesmo aquilo que eu estudei. E nesse esforço de rever e repetir, eu vou me aprofundando naquele tema. E nesse processo de aprofundamento, eu começo a me sentir seguro para ensinar.

E essa segurança para ensinar me faz aprender uma nova lição: me faz aprender a falar em público, e falar com clareza, com palavras simples e sólidas — me faz aprender a falar diante de uma plateia.

E uma experiência como essa, tão intensa, jamais se apaga da nossa memória.

E tem mais!

Nós, pais e professores, gostamos de observar as crianças quando estão brincando, investigando, experimentando. E o que nós observamos? Uma criança ensina para outra criança. Uma criança aprende com outra criança. E as crianças vão aprendendo e ensinando com os seus gestos, com as suas palavras, com a sua maneira de pensar. E, diante desse espetáculo, nós, professores observadores, aperfeiçoamos ainda mais a nossa arte de ensinar.

O mundo é a nossa escola. E, no grande teatro do mundo, os nossos alunos são, ao mesmo tempo, espectadores e atores.

Parece coisa de outro mundo,
mas é coisa tão comum.
É oito, é sete, é seis, é cinco,
é quatro, é três, é dois, é um.

Nós vamos cantar agora,
não deixamos pra depois.
É nove, é oito, é sete, é seis,
é cinco, é quatro, é três, é dois.

Não quero cantar sozinho,
canto junto com vocês.
É dez, é nove, é oito, é sete,
é seis, é cinco, é quatro, é três.

(Canção de domínio público)

Cena 9
O RIO

Já posso imaginar o que vocês estão imaginando:

— Os cinco passos da ensinança... Realmente, Comênio, são passos muito importantes. Mas... Até agora não ouvimos uma palavrinha sobre a senhora Disciplina, dançarino Comênio.

Na minha terra tem um ditado: "Uma escola sem disciplina é um moinho sem água".

A disciplina é um rio que corre constantemente. E a fonte desse rio, a grande nascente desse rio, está localizada exatamente nos cinco passos da ensinança.

Por quê?

Porque os cinco passos da ensinança despertam no aluno a vontade de aprender, despertam no aluno a vontade de investigar, experimentar, imaginar, construir. E quando esses quatro verbos estão presentes, o aluno trabalha com absoluta dedicação, obedecendo rigorosamente às regras do jogo — como se estivesse participando de uma brincadeira de esconde-esconde ou de uma brincadeira de pular amarelinha, como se estivesse participando de uma partida de vôlei ou de uma partida de futebol.

E, para que as águas da disciplina possam correr pelo mundo afora, basta acrescentar uma lição. A lição que nós vamos aprender, agora, com aquele professor que mora lá no alto...

O que o sol oferece para as plantas que estão crescendo? Oferece luz e calor sempre. Sempre calor e luz.

Para a disciplina crescer e se desenvolver, nós, pais e professores, devemos ser, sempre, modelos vivos de todas as boas atitudes. Nós, pais e professores, devemos ser, sempre, exemplos constantes de todos os bons comportamentos. A luz dos modelos vivos e o calor dos exemplos constantes fazem a disciplina viver, verdejar, florescer, frutificar.

Já posso imaginar o que vocês estão imaginando:

— Calma lá, Comênio, calma lá. Os cinco passos da ensinança e o professor Sol nem sempre dão conta do recado. E a paciência tem limite, professor Comênio.

A disciplina exige, de todos nós, pais e professores, uma vigilância permanente.

Por exemplo...

Um aluno está perturbando outro aluno. Um aluno está desrespeitando os seus colegas.

O que o professor vai fazer? O professor vai repreender esse aluno.

Mas...

O professor vai repreender esse aluno para que ele não erre mais. Por isso, a repreensão deve ser feita com simplicidade e calma, para que a criança perceba que é para o seu bem e para o bem de todos – para que o aluno perceba que a repreensão é movida pelo afeto.

Portanto, para a senhora Disciplina, a postura afetuosa e a postura severa são as duas asas de um pássaro em pleno voo.

E, para manter esse equilíbrio delicadíssimo entre severidade e afeto, é bom guardar no bolso esta chave de ouro:

A severidade deve ser exercida apenas em relação às atitudes, aos comportamentos. A severidade jamais deve ser exercida em relação ao desempenho da criança nos estudos, nos conhecimentos.

Por quê?

Ora, ora, carambola! Se estamos realmente dançando os cinco passos da ensinança, é claro que os estudos vão atrair o aluno, é claro que a criança vai se interessar pelos novos conhecimentos.

E se algum aluno ainda está com dificuldade para aprender o tema que nós estamos estudando... O problema, onde está? Isso mesmo! O problema está em mim, no professor. O problema está na minha maneira de ensinar. E quando o professor descobre as dúvidas do aluno... O que acontece? Isso mesmo! O professor descobre outras maneiras de ensinar.

A disciplina é um rio que corre constantemente – um rio que recebe as águas de quatro riachos: a luz dos modelos vivos; o calor dos exemplos constantes; a vigilância permanente; e o delicado equilíbrio entre severidade e afeto.

E tem mais!

Viver a disciplina é realizar um trabalho de criação artística.

Por quê?

Porque a disciplina envolve sempre um movimento harmonioso entre as pessoas, envolve sempre uma harmonia entre espaço, gestos e palavras – a mesma harmonia presente, por exemplo, no teatro e na dança.

Salve o sol,
salve o sol,
o sol da nossa terra,
o sol da nossa terra.

Vem surgindo,
vem surgindo,
atrás da verde serra,
atrás da verde serra.

(Canção de domínio público)

Cena 10
A BANDEIRA

A nossa escola é um lugar bonito e agradável, um lugar onde alunos e professores se alegram, se emocionam, ensinam e aprendem.

Na nossa escola, o aluno encontra um ambiente calmo — porque o ambiente calmo é a pátria da criança.

Na nossa escola, o aluno encontra uma Oficina de Enigmas — porque desvendar enigmas é o coração da criança.

A nossa escola é uma estrada segura, clara, cercada de muitas coisas para se ver, ouvir, cheirar, saborear, tocar. Uma estrada onde caminhamos rapidamente — lentamente.

E agora, para terminar, vou recordar outra verdade simples e luminosa:

O professor que se encanta e se entusiasma com o conhecimento desperta na criança o entusiasmo e o encanto pelo conhecimento.

O professor que tem paixão por ensinar desperta no aluno a paixão por aprender.

Já posso imaginar o que vocês estão imaginando:

— Professor Comênio, o senhor está querendo dizer que nós precisamos aprender a ter paixão? E como é que se aprende uma coisa dessa? Impossível.

Aprender a ter paixão é uma tarefa realmente misteriosa, mas não é impossível. É claro que a paixão é um fruto que nasce de uma conquista interior, silenciosa. Mas é claro que a paixão não vive apenas de mistério – ela vive também de esforço, dedicação, perseverança.

Por isso, deixo aqui este convite:

Experimentem colocar em prática as brevíssimas lições dessa *Didática da Vida* — e, em pouco tempo, vocês começarão a sentir um agradável encanto, um claro entusiasmo e uma misteriosa paixão pela arte de ensinar e aprender.

Já posso imaginar o que vocês estão imaginando:

— Professor Comênio, eu acho que vou aceitar o seu desafio. Mas... Eu ainda tenho uma pergunta. Dessa longa viagem, o que o senhor gostaria que ficasse especialmente guardado na nossa lembrança?

Certa vez, os alunos criaram uma bandeira para a nossa escola. E no meio de tantos desenhos, bem ali, no centro da grande bandeira, eles escreveram a seguinte mensagem: Muitas coisas, poucas palavras.

Eu gostaria que a lembrança dessa viagem acompanhasse a bandeira das crianças:

Muitas coisas, poucas palavras.

Bem-te-vi quer que eu te veja.
Louva-a-Deus quer que eu te louve.
Quem me dera se eu caísse, Beija-Flor,
nos braços de quem me ouve.

(Melodia: Domínio público
Letra: Francisco Marques)

A FONTE

DIDACOGRAFIA

João Amós Comênio nasceu no dia 28 de março de 1592, na região da Morávia, na atual República Tcheca. Seu nome de batismo é Jan Amos Komensky. Internacionalmente, seu nome é conhecido na versão latinizada: Comenius.

Naquele período, a Europa vivia a agitada passagem da Idade Média para a Idade Moderna: a expansão do comércio, as grandes navegações, o crescimento das cidades, a centralização do poder, as novas formas de trabalho, os progressos técnicos…

Os pais de Comênio e toda a sua comunidade participavam de uma das igrejas reformadas: a Unidade dos Irmãos Morávios. Já nos primeiros anos de 1500, essa igreja publicou vários livros para auxiliar o trabalho de evangelização.

Mas a história do livro começou um pouco antes…

Em 1450, na cidade de Mainz, na Alemanha, Gutenberg aperfeiçoou a prensa gráfica e abriu caminho para a criação de um meio de comunicação insuperável: o livro. Será que nós somos capazes de imaginar o significado da chegada do "livro" a esse ambiente repleto de descobertas?

É fácil de imaginar!

Basta olharmos para a nossa história recente e verificar o impacto da internet na nossa capacidade de trocar informações e conhecimentos, de estabelecer intercâmbios e cooperações.

Inspirado na arte dos tipógrafos, Comênio inventou a palavra "didacografia" – mistura de "didática" com "tipografia". (*Didática Magna.* Capítulo XXXII: parágrafo 5)

O significado da chegada do livro foi simplesmente gigantesco, oceânico. Em 1500, apenas cinquenta anos após a invenção de Gutenberg, a Europa contava com mil e setecentas prensas gráficas em funcionamento – com vinte e sete mil títulos publicados. Em meados do século XVI, a Europa contava com oito milhões de títulos publicados. (*História da leitura*)

Retomando o fio da história...

Em 1608, aos dezesseis anos, Comênio foi estudar em Prerov, na escola mantida pela Unidade dos Irmãos Morávios. Da sua trajetória de aluno, reuniu experiências e reflexões que fortaleceram o seu projeto de mudar a maneira de ensinar. E, em 1614, foi nomeado professor da escola em que estudou.

Pouco depois, explodiu a Guerra dos Trinta Anos (1618 a 1648), que abalou profundamente a vida de Comênio e de seu povo. Em 1628, foi obrigado a deixar a sua terra e se transformou num homem em permanente exílio, mas sempre pensando, escrevendo e trabalhando pela melhoria da educação.

Em 1632, em Leszno, na Polônia, Comênio concluiu a obra *Didática tcheca*. Em 1638, traduziu a *Didática tcheca* para o latim, quando foi batizada com o nome de *Didática Magna* – publicada em 1657. Comênio faleceu no dia 15 de novembro de 1670, na cidade de Amsterdã, na Holanda.

DUAS PERGUNTAS

Antes de responder à pergunta "Como ensinar?", Comênio enfrenta a seguinte questão: "Como a criança aprende?". Nesse processo investigativo, ele destaca o conhecimento por meio dos sentidos:

"Além disso, à alma racional que habita em nós, foram acrescentados órgãos e como que emissários e observadores, com a ajuda dos quais, ou seja, da vista, do ouvido, do olfato, do gosto e do tato, ela procura chegar a tudo aquilo que se encontra fora dela, de tal maneira que, de todas as coisas criadas, nada pode permanecer-lhe escondido." (*Didática Magna*. Capítulo V: parágrafo 6)

Ao valorizar esses cinco emissários, Comênio mostra como o "fazer fazendo" é essencial para a criança construir o conhecimento:

"Os mecânicos não detêm os aprendizes das suas artes com especulações teóricas, mas põem-nos imediatamente a trabalhar, para que aprendam a fabricar fabricando, a esculpir esculpindo, a pintar pintando, a dançar dançando, etc. Portanto, também nas escolas, deve aprender-se a escrever escrevendo, a falar falando, a cantar cantando, a raciocinar raciocinando, etc., para que as escolas não sejam senão oficinas onde se trabalha fervidamente. Assim, finalmente, pelos bons resultados da prática, todos experimentarão a verdade do provérbio: fazendo aprendemos a fazer (*Fabricando fabricamur*)." (*Didática Magna*. Capítulo XXI: parágrafo 5)

Movido por essa vontade de compreender a criança, Comênio cria o livro didático ilustrado:

	Felis clamat Kočka mňouká Die Katze miaut The cat mews Кошка мяукает	nau nau	N n
	Auriga clamat Vozka volá Der Fuhrmann ruft The carter shouts Возчик погоняет	ó ó ó	O o
	Pullus pipit Kuře pípá Das Kücken piept The chicken peeps Цыплёнок пищит	pi pi	P p
	Cuculus cuculat Kukačka kuká Der Kuckuck ruft The cuckoo calls Кукушка кукует	kuk ku	K k
	Canis ringitur Pes vrčí Der Hund knurrt The dog growls Собака рычит	err	R r
	Serpens sibilat Had syčí Die Schlange zischt The serpent hisses Змея шипит	sí	S s

Boys play either a game of marbles[1] or they play bowls trying to throw the bowl[2] so as to hit the ninepins[3], or they guide a little ball through a ring[5] with a stick[4], or spin a top (cone)[6] with a whip[7], or shoot with a blow-tube[8] or a crossbow[9], or walk upon stilts[10], or stamp their feet swinging on a swing[11].

Мальчики обычно играют или глиняными шарами[1], или катая шар[2] на кегли[3], или же с помощью дубинки[4] они мечут через кольцо[5], приводят во вращение кубарь[6] посредством бича[7], стреляют из полой тростинки[8] или из лука[9], ходят на ходулях[10] или качаются на качелях[11].

Entre os vários autores citados na *Didática Magna*, merece destaque o professor Marcos Fábio Quintiliano, que nasceu provavelmente entre as décadas de 30 e 40 do século I d.C. e faleceu entre os anos 95 e 100. Comênio fundamenta em Quintiliano boa parte de sua abordagem sobre o desenvolvimento da inteligência:

"Não existe certo tipo de eloquência maior que a imaturidade do menino não a possa obter pela inteligência? De fato, eu reconheço: mas será preciso que esse preceptor seja hábil e também prudente e não desconhecedor da arte de ensinar e se sujeite à capacidade do discente; e ainda como um corredor muito rápido, caso percorra o caminho com um pequenino, que lhe dê a mão, diminua o seu passo e não avance além da capacidade do acompanhante." (*Instituição oratória*. Livro II, III, 7.)

E para compreender o papel do professor em relação ao aluno, Alaíde Lisboa de Oliveira, com grande sensibilidade, recolhe, da *Didática Magna*, uma das ideias mais desafiantes:

"Quanto mais entusiasmo tiver o mestre, maior será a atividade do aluno."

Nesse sentido, Comênio propõe a criação de uma escola de formação de professores, uma "escola das escolas ou uma Sociedade Didática":

"Os trabalhos desta sociedade devem tender para descobrir, cada vez mais, os fundamentos das ciências, para depurar e difundir pelo gênero humano, com melhor sucesso, a luz da sabedoria e para fazer sempre prosperar os interesses humanos com novas e utilíssimas invenções." (*Didática Magna*. Capítulo XXXI, parágrafo 15)

Comênio planeja também uma instituição dedicada exclusivamente à criação de livros didáticos:

"Portanto, o ponto central de toda esta questão está na preparação de livros pan-metódicos. E esta preparação depende da constituição de uma sociedade de homens doutos, hábeis, ardorosos para o trabalho, associados para levar a bom termo uma empresa tão santa, e nela colaborando, cada um segundo os seus meios." (*Didática Magna*. Capítulo XXXIII, parágrafo 9)

SABOREAR

Experimente, agora, saborear, direto da fonte, as palavras comenianas... Selecionei, para cada cena, alguns trechos da *Didática Magna* e da obra *A escola da infância*.

 Cena 1: ABRAÇOS

"Que a Didática se baseie em retos princípios interessa: 1. *Aos pais* que, até agora, na maioria dos casos, ignoravam o que deveriam esperar de seus filhos.[...] 2. *Aos professores*, a maior parte dos quais ignorava completamente a arte de ensinar; e por isso, querendo cumprir o seu dever, gastavam-se e, à força de trabalhar diligentemente, esgotavam as forças; ou então mudavam de método, tentando, ora com este, ora com aquele, obter um bom sucesso, não sem um enfadonho dispêndio de tempo e de fadiga. 3. *Aos estudantes*, porque poderão, sem dificuldade, sem tédio, sem gritos e sem pancadas, como que divertindo-se e jogando, ser conduzidos para os altos cumes do saber. 4. Às *escolas*, porque, corrigido o método, poderão, não só conservar-se sempre prósperas, mas ser aumentadas até ao infinito. Com efeito, serão verdadeiramente um divertimento, casas de delícias e de atrações." (*Didática Magna*. Utilidade da arte da didática: parágrafos 1, 2, 3 e 4)

"Os pais não cumprem completamente sua obrigação se apenas ensinarem sua prole a comer, beber, andar, falar e vestir roupa. Isso serve simplesmente ao corpo, que não é o homem, apenas sua morada. O hóspede que a habita (a alma racional) reclama maior cuidado que o invólucro externo." (*A escola da Infância*. Capítulo II: parágrafo 3)

Cena 2: **OS MENSAGEIROS**

"Desta regra fundamental, segue-se que instruir bem a juventude não consiste em rechear os espíritos com um amontoado de palavras, de frases, de sentenças e de opiniões tiradas de vários autores, mas abrir-lhes a inteligência à compreensão das coisas, de modo que dela brotem arroios como de uma fonte de água viva, e como, dos 'olhos' das árvores, brotam os rebentos, as folhas, as flores e os frutos, e, no ano seguinte, de cada 'olho', nasce de novo um outro ramo com as suas folhas, as suas flores e os seus frutos." (*Didática Magna*. Capítulo XVIII: parágrafo 22)

"Ora não se introduzem solidamente no espírito senão as coisas que forem bem entendidas e cuidadosamente confiadas à memória. Quintiliano escreveu acertadamente: 'Todo o progresso escolar depende da memória e é inútil ir à lição, se cada uma das coisas que ouvimos (ou lemos) desaparece'. E Luís de Vives: 'Durante a primeira idade, exercite-se a memória, pois ela desenvolve-se, cultivando-a; confie-se-lhe muitas coisas, com cuidado e frequentemente. Com efeito, aquela idade não sente a fadiga, porque nem sequer pensa nela. Assim, sem fadiga e sem tédio, a memória alarga-se e torna-se capacíssima'. (*Das Disciplinas*, Livro III). E, na *Introdução à sabedoria*, escreve: 'Nunca deixes a memória sem fazer nada. Nada lhe é mais agradável e nada a desenvolve mais que o trabalho.

Confia-lhe, todos os dias, qualquer coisa: quanto mais coisas lhe confiares, tanto mais fielmente as guardará; quanto menos coisas lhe confiares, tanto menos fielmente as guardará'." (*Didática Magna*. Capítulo XVIII: parágrafo 33)

Cena 3: O JARDIM

"E se se demonstrar que a causa do desgosto pelo estudo são os próprios professores? [...] Portanto, em primeiro lugar, é necessário expulsar desses jovens aquele torpor adventício, e reconduzir a natureza ao seu vigor próprio; regressará, então, com certeza, o apetite de saber. Mas quantos daqueles que assumem o encargo de formar a juventude pensam em torná-la primeiro apta para receber essa formação? [...] assim também o professor, antes de se pôr a instruir o aluno à força de regras, deve primeiro torná-lo ávido de cultura, mais ainda, apto para a cultura e, consequentemente, pronto a entregar-se a ela com entusiasmo. Mas quem alguma vez pensou nisso?" (*Didática Magna*. Capítulo XII: parágrafo 17)

Cena 4: O PONTO DE PARTIDA

"[...] 'para que as crianças experimentem nos estudos um prazer não menor que quando passam dias inteiros a brincar com pedrinhas, com a bola, e às corridas'." (*Didática Magna*. Capítulo XI: parágrafo 3)

"Finalmente, como afirma o ditado popular, *alma alegre é meia saúde* e, segundo a Sirácida, *a alegria do coração é a vida do homem* (Eclesiástico 30, 22), portanto, de nenhum modo os pais devem tolher a alegria dos filhos. [...] Em suma, se percebermos que a criança gosta ou se alegra com algo, de nenhum modo esse algo lhe deve ser recusado; pelo contrário, seu entretenimento em pequenas ocupações convenientes e agradáveis aos olhos, ouvidos e outros sentidos contribuirá para o vigor de seu corpo e de sua alma." (*A escola da infância*. Capítulo V: parágrafo 21)

Cena 5: A VOZ E OS GESTOS

"O conhecimento deve necessariamente principiar pelos sentidos (uma vez que nada se encontra na inteligência, que primeiro não tenha passado pelos sentidos). Por que é que então o ensino há de principiar por uma exposição verbal das coisas, e não por uma observação real dessas mesmas coisas? Somente depois de esta observação das coisas ter sido feita, virá a palavra, para a explicar melhor." (*Didática Magna*. Capítulo XX: parágrafo 7.I)

Cena 6: ENSINAR A FAZER FAZENDO

"Que estultícia, exclama Sêneca, aprender coisas supérfluas, quando temos tanta falta de tempo! Nada se aprende, portanto, apenas para a escola, mas para a vida, para que, quando se sair da escola, nada seja levado pelo vento." (*Didática Magna*. Capítulo XIX: parágrafo 52)

"As crianças adoram estar ocupadas com alguma coisa porque seu sangue jovem não pode ficar quieto; portanto, em vez de refreá-las, é preciso providenciar para que sempre estejam fazendo alguma coisa. Que sejam como formigas, sempre em movimento: levando, trazendo, arrumando, transportando. É preciso somente as ajudar a perceber naquilo que estão fazendo como é que as coisas funcionam, até mesmo em suas próprias brincadeiras (pois ainda não podem se ocupar com coisas sérias)." (*A escola da infância*. Capítulo VII: 1)

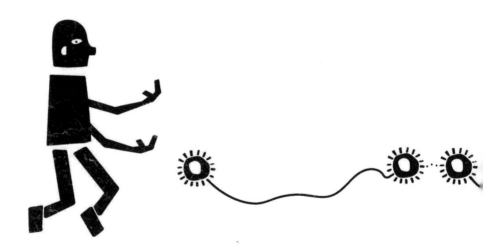

Cena 7: ENSINAR A PERGUNTAR

"Gostaria que esses livros fossem compostos em forma de diálogo, pelas seguintes razões: I. porque, dessa maneira, mais facilmente se pode adaptar a matéria e o estilo aos espíritos juvenis, para que não imaginem que as coisas são, para eles, ou impossíveis ou árduas ou demasiado difíceis, pois nada há de mais familiar nem de mais natural que a conversação, pela qual, pouco a pouco, o homem pode ser conduzido aonde se quer e sem que ele se aperceba disso. [...] Os diálogos excitam, animam e reavivam a atenção, precisamente pela variedade das perguntas e das respostas, e pelos diferentes motivos e formas destas, sobretudo se nelas se misturam coisas agradáveis; mais

ainda, pela variedade e troca dos interlocutores, não só o espírito se liberta do tédio como, estendendo mais o campo da sua atividade, se torna sempre mais desejoso de estar a ouvir. O diálogo torna a instrução mais sólida." (*Didática Magna*. Capítulo XIX: parágrafo 34)

Cena 8: ENSINAR A ENSINAR

"Estas três coisas são expressas nos seguintes versos: 'Três coisas oferecem ao aluno a oportunidade de superar o professor: perguntar muitas coisas, reter o que perguntou e ensinar o que reteve'. [...] Com efeito, é absolutamente verdadeira esta máxima: 'quem ensina os outros instrui-se a si mesmo', não só porque, repetindo os próprios conhecimentos, os reforça em si mesmo, mas ainda porque encontra uma boa ocasião para penetrar mais a fundo nas coisas." (*Didática Magna*. Capítulo XVIII: parágrafo 44)

"Apenas algo mais: embora os adultos que cuidam da criança possam dar conta facilmente de quase tudo isso, mais ainda poderão fazer suas coetâneas, também crianças, seja quando uma conta alguma coisa à outra, seja brincando juntas, pois crianças da mesma idade progridem de forma semelhante nos modos e costumes e estão mais bem sintonizadas umas com as outras, pois não há muita diferença entre sua capacidade de pensar." (*A escola da infância*. Capítulo VI: parágrafo 12)

Cena 9: O RIO

"Portanto, cuidam mal dos interesses das crianças aqueles que as obrigam aos estudos pela força. Efetivamente, que podem eles esperar? Se o teu estômago não recebe os alimentos com apetite e tu o queres atulhar, não podem vir-te senão náuseas e vômitos, ou, pelo menos, uma má digestão e dano para a saúde. [...] E Quintiliano escreveu: 'A paixão de aprender depende da vontade, que não pode ser forçada'." (*Didática Magna*. Capítulo XVII: parágrafo 12)

"Não deve empregar-se uma disciplina severa no que se refere aos estudos e às letras, mas apenas nos aspectos ligados aos costumes. Com efeito, se os estudos são adequadamente regulados (como ensinamos já), são, por si mesmos, atrativos para os espíritos, e, pela sua doçura, atraem e encantam a todos. [...] Se acontece diversamente, a culpa não é dos alunos, mas dos professores. Mas, se se ignoram os métodos de atrair com arte os espíritos, é, sem dúvida, em vão que se emprega a força. (*Didática Magna*. Capítulo XXVI: parágrafo 4)

"É preciso que os meninos tenham perante si exemplos bons e constantes. [...] Se formos assim diligentes, com certeza não serão necessárias muitas palavras para instruí-las e nem repreensões para trazê-las à ordem."
(*A escola da infância*. Capítulo IX: parágrafo 2)

Cena 10: **A BANDEIRA**

"[...] nas escolas, haja menos barulho, menos enfado, menos trabalho inútil, e, ao contrário, haja mais recolhimento, mais atrativo e mais sólido progresso [...]" (*Didática Magna*. [Página de abertura]: segundo parágrafo)

"Daqui para o futuro, portanto: I. Ao começar-se seja que estudo for, desperte-se um amor sério por ele nos alunos, por meio de argumentos tirados da excelência, da utilidade, do encanto e de qualquer outro aspecto da matéria a estudar." (*Didática Magna*. Capítulo XVIII: parágrafo 16.1)

BIBLIOGRAFIA

OBRAS DE COMÊNIO

Didáctica Magna — Tratado da arte universal de ensinar tudo a todos. Comênio. Introdução, tradução e notas de Joaquim Ferreira Gomes. Tradução realizada a partir do original em latim: *"Opera didactica omnia"*. 6. ed. Lisboa: Fundação Calouste Gulbenkian, 2015. Todas as citações e transcrições anotadas neste livro são extraídas dessa edição.

Essa tradução está disponível no site da Fundação Calouste Gulbenkian: www.gulbenkian.pt (Escreva o título *Didáctica Magna* na "Procura". Em seguida, inscreva-se gratuitamente no *site*, inserindo seu *e-mail* e criando uma senha. A obra completa está com "Acesso aberto".)

No Brasil, você encontra a *Didática Magna*, de Comenius, traduzida do italiano por Ivone Castilho Benedetti, com aparelho crítico de Marta Fattori. 4. ed. São Paulo: Editora WMF Martins Fontes, 2011

A escola da infância. Jan Amos Comenius. Estudo introdutório e tradução de Wojciech Andrzej Kulesza. São Paulo: Editora Unesp, 2011.

Orbis sensualium pictus. Johannes Amos Comenius / Jan Amos Komensky. Praga, República Tcheca: Marchat, 2012.

OBRAS SOBRE COMÊNIO

Comenius: a persistência da utopia em educação. Wojciech Andrzej Kulesza. Campinas: Editora da Unicamp, 1992.

"O manual de Comenius para a educação maternal da infância". Wojciech Andrzej Kulesza. **Revista Pedagogía y Saberes, (54)**, da Facultad de Educación de la Universidad Pedagógica Nacional (Colômbia). Disponível em https://revistas.pedagogica.edu.co/index.php/PYS/article/view/11479.

"Comenius". Alaíde Lisboa de Oliveira. **Revista da Universidade Federal de Minas Gerais** – UFMG, 1968.

A atualidade do pensamento pedagógico de Comenius. Bohumila Sampaio de Araújo. Salvador: Editora da Universidade Federal da Bahia, 1996.

Comenius – O pai da pedagogia moderna. Olivier Cauly. Tradução de Maria João Batalha Reis. Lisboa: Instituto Piaget, 1999.

Comenius: A construção da pedagogia. Sergio Carlos Covello. 3. ed. São Paulo: Editora Comenius, 1999.

Comênio ou da arte de ensinar tudo a todos. João Luiz Gasparin. Campinas: Editora Papirus, 1994.

Jan Amos Comênio. Jean Piaget. Tradução de Martha Aparecida Santana Marcondes, Pedro Marcondes e Gino Marzio Ciriello Mazzetto. Organização: Martha Aparecida Santana Marcondes. Recife: Fundação Joaquim Nabuco, Editora Massangana, 2010. Obra disponível em http://www.dominiopublico.gov.br/download/texto/me4674.pdf

OUTRAS FONTES

Instituição oratória. Marcos Fábio Quintiliano. Tradução, apresentação e notas de Bruno Fregni Bassetto. Edição em latim e português. Coleção Fausto Castilho Multilíngues de Filosofia Unicamp. Edição em quatro tomos. Campinas: Editora Unicamp, 2015.

A descoberta da criança: pedagogia científica. Maria Montessori. Tradução de Pe. Aury Maria Azélio Brunetti. Campinas: Kírion, 2017.

A formação do homem. Maria Montessori. Tradução de Sonia Maria Braga. Campinas: Kírion, 2018.

A educação do homem consciente. Helena Lubienska de Lenval. Tradução de Valeriano de Oliveira. 2. ed. Campinas: Kírion, 2018.

Silêncio, gesto e palavra. Helena Lubienska de Lenval. Tradução de Jaime Cunha. Lisboa: Aster, 1959.

História da leitura. Steven Roger Fischer. Tradução de Claudia Freire. São Paulo: Editora Unesp, 2006.

Bíblia Sagrada. Tradução oficial da Conferência Nacional dos Bispos do Brasil (CNBB). 3. ed. Brasília: Edições CNBB, 2019.

A PEÇA RADIOFÔNICA

CRÉDITOS DA NARRAÇÃO

NARRADOR: Francisco Marques Vírgula Chico dos Bonecos
A voz do narrador foi gravada e mixada no Estúdio Pratápolis.
MUITAS COISAS, POUCAS PALAVRAS: trilha original composta, gravada, mixada e masterizada por Jonas Tatit no Estúdio Pratápolis.

MÚSICOS PARTICIPANTES
VIOLÕES AÇO, NYLON, GUITALELE E PROGRAMAÇÃO DE PERCUSSÃO: Jonas Tatit
BATERIA: Sérgio Reze

CRÉDITOS DAS CANÇÕES

DIREÇÃO MUSICAL, ADAPTAÇÕES E ARRANJOS: Estêvão Marques
GRAVAÇÃO, EDIÇÃO E MIXAGEM: Beto Pamplona (Arapuca Estúdio)
MASTERIZAÇÃO DAS CANÇÕES: Renato Coppoli (Zoing! Studio)

Cena 1: ABRAÇOS

CANÇÃO: Bate o sino [1:43]

LETRA E MELODIA: Domínio público (Adaptação)
INTÉRPRETE: Denis Duarte
CORO: Marina Pittier e Fê Stok
VIOLÃO: Denis Duarte
PANDEIRO, MARIMBA, TABLA E EFEITOS: Estêvão Marques

Cena 2: OS MENSAGEIROS

CANÇÃO: O meu coração (1:08)
COMPOSITOR: Rubinho do Vale
INTÉRPRETE: Marina Pittier
VIOLÃO: Renato Epstein
BLOCK DE BAMBU, ALFAIA, BAJE (RECO-RECO DE BAMBU)
E EFEITOS: Estêvão Marques

"Meu coração voou pelo céu" está presente no disco Ser criança, de 1989, de Rubinho do Vale. Nesta peça radiofônica, foi interpretada a primeira estrofe da canção, cujo título original é "Favo de mel".

Cena 3: O JARDIM

CANÇÃO: Tum tum jacutinguelê [1:12]
LETRA E MELODIA: Domínio público (Adaptação)

INTÉRPRETE: Denis Duarte
CONTRABAIXO DE BOCA, CUÍCA DE BOCA, CAVAQUINHO DE BOCA
E CORO DA VELHA GUARDA DO JACUTINGUELÊ: Denis Duarte
PERCUSSÃO CORPORAL E GANZÁ DE BOCA: Estêvão Marques

Cena 4: O PONTO DE PARTIDA

CANÇÃO: O poema é a fruta [1:27]
LETRA: Francisco Marques
MELODIA: Domínio público (Adaptação)
INTÉRPRETE: Marina Pittier
VIOLÃO: Renato Epstein
BATUQUE DE BOCA, CAIXA, ALFAIA, BOMBINHO, GANZÁ E
PELEJA ENTRE O S E O Z: Estêvão Marques

Cena 5: A VOZ E OS GESTOS

CANÇÃO: Foi, foi, foi [1:35]
LETRA: Francisco Marques
MELODIA: Domínio público (Adaptação)
INTÉRPRETE: Marina Pittier
VIOLÃO: Renato Epstein
ALFAIA, VASSOURINHAS NAS PANELAS, DERBAQUE, CHINELADAS NO
PVC, CAXIXI E EFEITOS: Estêvão Marques

Cena 6: **ENSINAR A FAZER FAZENDO**

CANÇÃO: Cada coisa é uma coisa [1:11]
LETRA: Francisco Marques
MELODIA: Domínio público (Adaptação)
INTÉRPRETE: Marina Pittier
VIOLÃO: Renato Epstein
MORINGA, TRIÂNGULO, CAXIXI E EFEITOS: Estêvão Marques

Cena 7: **ENSINAR A PERGUNTAR**

CANÇÃO: Meu cavalinho [2:03]
COMPOSITOR: Rubinho do Vale
INTÉRPRETE: Marina Pittier
CORO E PALMAS: Banda Ladainha
VIOLÃO: Renato Epstein
MARIMBA, KALIMBA, ATABAQUE, DJEMBÊ, ALFAIA, GUAIÁ, UNHAS DE CABRA E BASTÕES: Estêvão Marques

"Meu cavalinho" está presente no disco Ser criança, de 1989, de Rubinho do Vale. Nesta peça radiofônica, foi interpretada a primeira estrofe da canção.

Cena 8: ENSINAR A ENSINAR

CANÇÃO: Parece coisa de outro mundo [1:19]
LETRA E MELODIA: Domínio público (Adaptação)
INTÉRPRETE: Denis Duarte
CORO: "Banda Ladainha"
VIOLÃO: Denis Duarte
TRIÂNGULO, COLHERES, PANDEIRO, RECO-RECO DE MOLA E BOMBINHO: Estêvão Marques

Cena 9: O RIO

CANÇÃO: Salve o sol [1:45]
LETRA E MELODIA: Domínio público (Adaptação)
INTÉRPRETE: Marina Pittier
CORO: Denis Duarte
VIOLA CAIPIRA: Renato Epstein
EFEITOS: Beto Pamplona e Estêvão Marques

Cena 10: A BANDEIRA

CANÇÃO: Bem-te-vi quer que eu te veja [1:39]
LETRA: Francisco Marques

MELODIA: Domínio público (Adaptação)
INTÉRPRETES: Fê Stok e Marina Pittier
VIOLÃO: Denis Duarte
CORO: Denis Duarte
MATRACAS, PANDEIRÃO E EFEITOS: Estêvão Marques

Essa melodia pertence a uma canção tradicional do vale do Jequitinhonha, recolhida por frei Chico e Lira Marques.

OS AUTORES

Francisco Marques Vírgula Chico dos Bonecos

Sou professor, escritor e contador de histórias. Realizo oficinas para professores de Educação Infantil e séries iniciais do Ensino Fundamental, revivendo e espalhando as brincadeiras milenares e planetárias — e também os "brinquedos invisíveis", como os jogos de palavras e os contos.

Meus livros pela Editora Peirópolis:

O lenhador, poema de Catullo da Paixão Cearense. Organização: Francisco Marques Vírgula Chico dos Bonecos. Esse livro recebeu o prêmio FNLIJ Odylo Costa, filho – "O Melhor Livro de Poesia".

Quando o segredo se espalha: a poesia em voz alta. (Uma entrevista imaginária com a educadora e escritora Alaíde Lisboa de Oliveira.)

Nesta ilustração, estou preparando os brinquedos para a oficina comeniana:

ESTÊVÃO MARQUES

Tudo começou dançando e tocando o meu pandeiro. Com ele, em 1999, toquei no show *Canções curiosas*, do selo Palavra Cantada. A partir de então, me envolvi cada vez mais com o universo percussivo popular.

Sou percussionista, contador de histórias e pesquisador — formado em música pela Faculdade Santa Marcelina.

Ministrei aulas de danças populares no Instituto Escola Brincante, de Antonio Nóbrega.

Como contador de histórias, participei do grupo Pé de palavra, dirigido por Regina Machado.

Como percussionista, participei dos shows e DVDs *Pé com pé* e *Carnaval Palavra Cantada* — com a direção musical de Sandra Peres e Paulo Tatit.

Sou professor do The San Francisco International Orff Course, nos Estados Unidos. Ministrei oficinas na Turquia, Colômbia, Argentina, Uruguai, Espanha, Itália, Portugal, Finlândia, Tailândia, Holanda, Áustria, Noruega, Hong Kong, Taiwan e Austrália.

Sou autor de quinze livros, entre eles: *Colherim: ritmos brasileiros na dança percussiva das colheres* (Editora

Peirópolis), *Brasil for children: 30 canções brasileiras para brincar e dançar*, em coautoria com Francisco Marques, Marina Pittier e Fê Stok (Editora Peirópolis), e a coleção *Histórias que cantam* (Editora Melhoramentos). E sou coautor da coleção *Brincadeirinhas musicais da Palavra Cantada*. E autor de livros didáticos que conectam as artes integradas com educação: *Ápis Mais: Arte*, em coautoria com Eliana Pougy e André Vilela (Editora Ática).

Criei o curso *on-line* Educando pela brincadeira: www.estevaomarques.com

Nesta ilustração, estou estudando os primeiros arranjos das canções comenianas.

A ilustradora

Alice Masago

Sou mineira de Belo Horizonte, residente em Santa Luzia (MG). Eu me formei em Artes Visuais com habilitação em Artes Gráficas e Gravura pela Escola de Belas Artes da Universidade Federal de Minas Gerais (UFMG). Atuo como ilustradora, designer gráfica e editorial, e também escrevo, tendo como norte as delicadezas do cotidiano e a relação bonita que se cria entre palavra e imagem. Desenho com muito afinco desde a infância, e depois de crescida, certa da profissão que seguiria, a brincadeira virou coisa séria, mas sem deixar de lado a diversão.

Sou autora e ilustradora de *A ternura pelo avesso* (Mil folhas) e do *Manual do pombo-correio*, um zine de publicação independente. Em 2019, fui uma das brasileiras selecionadas para o 10° Catálogo Iberoamérica Ilustra, do México, com uma série de ilustrações intitulada "Encontros", expostas durante a Feira Internacional do Livro de

Guadalajara. Sou ilustradora de A descoberta de Carlota e Aventuras e desventuras de Carlota, de Renata Maria Safe (Editora Aletria), de As aventuras de um beijo, de Rosita Flores e Giovanna Artigiani (Ave Casa Editora), da identidade visual e vinheta de abertura do 6º Prêmio Abra de Roteiro (2022), da Associação Brasileira de Autores Roteiristas

Acredito que escrever, desenhar, projetar e diagramar livros, além de expandir as folhas de papel, expande também a vida.

Copyright © 2023 Francisco Marques
Copyright ilustrações © 2023 Alice Masago

Editora
Renata Farhat Borges

Editora assistente
Ana Carolina Carvalho

Ilustrações
Alice Masago

Produção editorial
Anna Carolina Garcia

Revisão
Mineo Takatama

Projeto gráfico e diagramação
Alice Masago e Elis Nunes

2ª edição, 2023

Dados Internacionais de Catalogação na Publicação (CIP) de acordo com ISBD

M357m   Marques, Francisco
            Muitas coisas, poucas palavras: a oficina do professor Comênio e a arte de ensinar e aprender / Francisco Marques ; ilustrado por Alice Masago. – 2. ed. – São Paulo : Peirópolis, 2023.
            120 p. : il. ; 16cm x 20cm.

            Inclui bibliografia.
            ISBN: 978-65-5931-241-2

            1. Educação. 2. Peça radiofônica. 3. Educação – ensinar e aprender. I. Masago, Alice. II. Título.

2023-880   CDD 370
                                                            CDU 37

Elaborado por Odilio Hilario Moreira Junior – CRB-8/9949

Índice para catálogo sistemático:
1. Educação 370
2. Educação 37

Editora Peirópolis Ltda.
Rua Girassol, 310F – Vila Madalena
05433-000 São Paulo/SP
vendas@editorapeiropolis.com.br
www.editorapeiropolis.com.br

Disponível na versão digital nos formatos
ePub (ISBN 978-65-5931-240-5) e KF8 (ISBN 978-65-5931-244-3)

ESTE LIVRO FOI COMPOSTO EM XILOSA, LINUX LIBERTINE, LOUIS GEORGE CAFÉ E IMPRESSO EM PAPEL OFFSET 120G NAS OFICINAS DA GRÁFICA ASSAHI NO OUTONO DE 2023, MAIS DE 400 ANOS DEPOIS DO NASCIMENTO DE COMÊNIO.